文化中国

中华优秀传统文化

第二册

丛书主编
文新华

本册主编
陈宇征

本册副主编
杨霄雯　蒋惠敏　严黎俊
徐胜君　陈易安

华东师范大学出版社
·上海·

图书在版编目（CIP）数据

文化中国：中华优秀传统文化. 第二册/文新华主编. —上海：华东师范大学出版社，2019
 ISBN 978-7-5675-5089-6

Ⅰ. ①文… Ⅱ. ①文… Ⅲ. ①中华文化-小学-课外读物 Ⅳ. ①G624.203

中国版本图书馆 CIP 数据核字（2019）第 263558 号

文化中国：中华优秀传统文化　第二册

丛书主编　文新华
本册主编　陈宇征
策划编辑　曹祖红
责任编辑　游胜男
审读编辑　游胜男　章　悬
责任校对　时东明
装帧设计　刘怡霖

出版发行　华东师范大学出版社
社　　址　上海市中山北路 3663 号　邮编 200062
网　　址　www.ecnupress.com.cn
电　　话　021-60821666　行政传真 021-62572105
客服电话　021-62865537　门市（邮购）电话 021-62869887
地　　址　上海市中山北路 3663 号华东师范大学校内先锋路口
网　　店　http://hdsdcbs.tmall.com

印 刷 者　上海龙腾印务有限公司
开　　本　787 毫米×1092 毫米　1/16
印　　张　8.25
字　　数　88 千字
版　　次　2022 年 12 月第 1 版
印　　次　2022 年 12 月第 1 次
书　　号　ISBN 978-7-5675-5089-6
定　　价　38.00 元

出版人　王　焰

（如发现本版图书有印订质量问题，请寄回本社客服中心调换或电话 021-62865537 联系）

亲爱的小朋友，欢迎你的到来！在这里，你将结识两位小伙伴——福福和晓晓，跟随他们一起走进"中华园"，畅游在中华优秀传统文化的世界，读中华经典，学优良传统，通匠心百科。

准备好了吗？一起踏上游园之旅吧！

我是哥哥，名叫福福。我名字中的"福"是我国最古老的汉字之一，在甲骨文中就已经出现。《礼记》中说："福者，备也。备者，百顺之名也，无所不顺者谓之备。""福"即现今人们常用的祝愿语"万事如意"之意。"福福"象征着祖国繁荣昌盛，人民生活富裕。

我是妹妹，名叫晓晓。"晓"本义"天明"，又有"通晓、知晓"的含义。"晓晓"寓示着小朋友们畅游在中华园中，能学习知晓中华博大精深的传统文化，以文明规范之行为传承中华文化。

晓晓，中华园又开园了！

今年又有什么好玩的？

吟古诗，学礼仪，赏工艺，探百科，玩游戏……

游园任务单

中华园由经典园、传统园、百科园三个园区组成，每个园区包含若干个场馆，每个场馆都代表着中华优秀传统文化的一个方面。每逛完一个场馆，都会让你对传统文化有一层新的领悟。在本次游园活动中，有两项任务等待你去完成哦！

任务1：请按照游园行程单，认真游览每一个场馆，感受博大精深的传统文化。

任务2：每个场馆都有"趣味闯关夺宝珠"的游戏，如果能顺利闯关，你将能助"中华祥龙"获得一枚宝珠。

真心期待着你能运用在中华园中了解到的传统文化知识，一路过关斩将，展现"龙的传人"的风采！

中华园游园地图

- 中医堂
- 数学宫
- 天文台
- 生物馆
- 艺术廊
- 工艺斋
- 游乐场
- 诗词坊
- 谚语亭
- 寓言苑
- 汉字园
- 百科园
- 传统园
- 经典园
- 礼义桥
- 民族源
- 成语林

目 录

游园行程单

教你读中华经典

第一站：汉字园 001
　　字里乾坤 003
　　古代书写工具 008

第二站：成语林 011
　　与动物有关的成语 013

第三站：谚语亭 025
　　关于学习的谚语 027

第四站：诗词坊 036
　　"诗仙"李白的诗歌世界 038

领你学优良传统

第五站：民族源 049
　　四大传统节日 051

第六站：礼仪桥 059
　　《弟子规》（节选） 061

带你通匠心百科

第七站：天文台 071
　　十二生肖 073

第八站：艺术廊 081
　　剪纸 083

第九站：中医堂 093
　　神奇的中草药 095

第十站：生物馆 105
　　水稻 107

第十一站：游乐场 114
　　毽子 116
　　竹蜻蜓 119

V

教你读中华经典

第一站

汉字园

汉字四四方，优美世无双。

甲骨刻卜辞，钟鼎铭辉煌。

竹简记春秋，绢帛录诗行。

笔墨传信息，妙字组华章。

篆隶草楷行，欧柳颜赵王。

横平竖又直，龙飞凤也翔。

要想学得棒，常来汉字园。

汉字素以形美、音美、义美著称，古人以各种工具书写着这些神奇的"东方魔块"。今天，让我们一起走进汉字园，探索字里乾坤，了解古代的书写工具。

字里乾坤

汉字，是世界各国文字中使用时间最久、使用人数最多的一种文字。埃及的圣书、两河流域的楔形文字、美洲的玛雅文，或早已消亡，或束之高阁仅供少数学者研究，只有汉字这"东方魔块"历经数千年悠悠岁月，承载着博大精深的中华文明，日益显示出强健的生命力和无与伦比之美。今天我们就一起来学习10个美丽的汉字，感受其中深刻的传统文化内涵吧！

一

最小的数字，在正整数中找不到比它更小的数；又是最大的数字，意味着"一切"。始终如一的字形，象征着中华民族的统一、稳定与持久。

日 　中国历来有日神和火神崇拜。光明、文明，一直为人们所向往。作为自然神，日的地位低于天；作为时间单位，天和日有相似的意义。太阳在天上运行，因此"天"和"日"常被用在同一词汇中，如"天长日久""光天化日"等。

月 　与日相对。自然界的月亮圆缺变化周期为30天，人们根据这一自然规律来纪时。中国古人还想象出不少关于月的美丽的神话传说，对月的观赏和祭祀习俗代代相传。

天 　时而表示具体的人的头顶，时而表示抽象的"上天"。这种"一身二任"的表意根源于中国传统文

化中天人合一的观念。在浸润于深厚农耕文明的中国人心中,"天""地""人"三者的关系构成了社会的基本关系。

人　肢体站立,反映人类祖先从猿到人的演化过程;精神站立,要求人的精神要上可达于天,下可立于地,成为具有独立人格的生命体。人生在世,要始终保持"挺身站立为人,顶天立地做人"的姿势。

化　"化"字最初的字形由一左一右两个正反倒立的"人"字构成,表示变化,尤其强调一种本质的改变。现代的信息化,就是一种科技的大变革。

易 易为变易，宇宙处于无穷无尽的变易之中，没有两个时刻完全相同，人类的历史也是如此。古书《周易》就是中国古代研究、占测宇宙万物变易规律的典籍。

山 地上所突兀者，人间所仰望者，为山。在中国传统文化中，山被视为有脊梁的、阳刚的事物的代表。

阴 本义为山北水南，可引申指月、地、夜、寒、女、死等含义，与阳相生相克。

阳 本义为山南水北，可引申指日、天、昼、热、男、生等含义，与阴相生相克。中国古代哲学认为，阴和阳是宇宙中贯通物质和人事的两大对立面。

汉字形美如画，音美如歌，意美如诗！横平竖直，告诉我们中正平和乃是至美；颜筋柳骨，告诉我们字如其人皆须修行。汉字的每一笔、每一画都浸染着历史的传承，汉语的每个词、每句话都凝聚着文明的积淀。

古代书写工具

伴随着文字的产生，也就有了文字的书写材料和书写工具。所谓书写材料，就是指文字的承载物，如龟甲兽骨、竹木简、纸等；所谓书写工具，就是指毛笔及其替代物。除了毛笔外，还有哪些也属于中国古代的书写工具呢？赶紧去看一看吧！

刀 以刻的方式在兽骨、竹木、山石、金属等材料上书写。

指 以手指蘸墨等，在纸、布、革、竹、木等材料上书写。

线 以针线或绣或缝，在布、锦等物上记录文字或图案。

布 或手抓或木绑（算是毛笔的变种或分支），蘸墨或漆等书写。

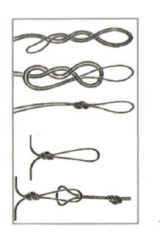

结 有绳结、革结等，以打结的方式记录数字或日期等。因有记录、记载功能，也可视为一种书写方式。

趣味闯关夺宝珠

小关卡一：填一填

世界上最古老的文字有＿＿＿＿＿、＿＿＿＿＿、＿＿＿＿＿、＿＿＿＿＿等。

小关卡二：连一连

指　　　　以刻的方式书写

刀　　　　以手指蘸墨书写

线　　　　或手抓或木绑，蘸墨等书写

结　　　　以针线或绣或缝，记录图文

布　　　　以打结的方式记录数字或日期等

小关卡三：写一写

　　汉字之美无处不在。查查资料，看看还有哪些汉字也包含着中国传统文化之美，推荐其中两个给小伙伴，并写清你的推荐理由。

成语林

汉语世界天地广，成语王国占一席。

数字成语趣味多，动物成语涵义深。

四季成语美如画，名人成语典故久。

多读成语受益深，传统文化要牢记。

小朋友们,欢迎来到成语林!在这里,你会学到6个与动物有关的成语,并了解成语背后有趣的故事。读完后,查阅资料,做做小练习,看看自己掌握了多少吧!

与动物有关的成语

守株待兔

学成语

株：露在地面上的树木的根和茎。

守着树桩，等待兔子在树桩上撞死。

比喻不主动地努力，而存万一的侥幸心理，希望得到意外的收获。也比喻死守狭隘经验，不知变通。

读故事

相传战国时宋国有一个农民，他日出而作，日落而息，遇到好年景，也不过刚刚吃饱穿暖；一遇灾荒，可就要忍饥挨饿了。他想改善生活，但他太懒，胆子又小，干什么都是又懒又怕，总幻想碰到送上门来的意外之财。

奇迹终于发生了。深秋的一天,他正在田里耕地,周围有人在打猎。吆喝之声四处起伏,受惊的小野兽没命地奔跑。突然,有一只兔子不偏不倚,一头撞死在他田边的树桩上。当天,他美美地饱餐了一顿。从此,他便不再种地,一天到晚守着那段神奇的树桩,等着奇迹出现。结果,不仅再也没能捡到兔子,田里的庄稼也荒芜了。

明道理

这个成语告诉我们,要想有所收获,就必须付出努力,不能抱着不劳而获的侥幸心理。同时,不能死守狭隘经验、墨守成规。

对牛弹琴
duì niú tán qín

学成语

比喻对不懂道理的人讲道理，或对外行人说内行话。也用来讽刺人讲话时不看对象。

说故事

观察漫画，试着说一说成语背后的故事吧！

> 风景真好啊！我来弹一首高雅的曲子给牛儿欣赏吧！

> 这首曲子可能不太合牛儿的耳朵，不如我换个曲调，模仿蚊子、牛虻、小牛的声音。

明道理

这个成语告诉我们,说话、办事要看对象,因人制宜,因事制宜,否则,只会白费口舌,徒劳无功。

狐假虎威

学成语

假:借。

狐狸假借老虎的威势。比喻依仗别人的势力欺压人。

说故事

观察漫画,试着说一说成语背后的故事吧!

> 天帝已经封我为王中之王,无论谁吃了我,都将遭到严厉的惩罚。

明道理

借着权威的势力欺压别人，或借着职务上的权力作威作福的行为，可以用"狐假虎威"来形容。这个成语告诉我们，狡猾、奸诈的人，总是喜欢吹牛皮，说谎话，靠欺骗过日子。这种人借外力或许能逞雄一时，但其本质却是虚弱、不堪一击的。

亡羊补牢

学成语

亡：丢失。牢：关牲口的圈。

羊丢失了，赶快修补羊圈，还不算晚。比喻出了问题以后及时想办法补救，可以防止继续受损失。

读故事

从前有一个牧民，他养了几十只羊，白天放牧，晚上将羊赶进一个用柴草和木桩围起来的羊圈内。

一天早晨，这个牧民去放羊，发现羊少了一只。原来是羊圈破了个窟窿，夜间有狼从窟窿里钻了进来，把羊叼走了。邻居劝告他说："赶紧修羊圈，把窟窿堵上吧。"可他却说："羊反正已经丢了，还去修羊圈干什么？"

第二天早上，他去放羊，发现又少了一只羊。显然是狼又从窟窿钻进羊圈，叼走了一只羊。这位牧民很后悔没有认真听取邻居的劝告，去及时采取补救措施。于是，他赶紧堵上那个窟窿，又整体进行加固，把羊圈修得很牢实。

从此，这个牧民的羊就再也没有被狼叼走过了。

明道理

犯了错误，或者遭遇挫折，是很正常的事。只要能认真吸取教训，及时采取补救措施，就可以避免继续犯错误，遭受更大的损失。

画龙点睛

学成语

画龙之后再点上眼睛。原形容梁代画家张僧繇作画神妙。后比喻写文章或说话时，在关键处用精辟的词句点明要旨,使内容更加生动有力。

说故事

观察漫画,试着说一说成语背后的故事吧!

明道理

这个成语告诉我们,说话或写文章时,要善于在关键处用上巧妙、精辟的一两句话，点明要旨，即添上"点睛之笔"。

塞翁失马

学成语

塞：边塞。翁：年老的男子；老头儿。

比喻一时虽受到损失，也许反而能因此得到好处。也指坏事在一定条件下可变为好事。

说故事

观察漫画，试着说一说成语背后的故事吧！

> 马丢了就丢了，您别着急。

> 丢了一匹马损失不大，没准还能带来福气呢！

> 还是您老有远见，马不仅没丢，还带回另一匹好马。

> 白白得了一匹好马，不一定是什么福气，也许会惹麻烦呢！

明道理

塞翁虽然只是一位普通的老人，但因为他经历得多，积累了大量宝贵的人生经验，所以能睿智地看待生活，对好事、坏事都能一分为二地看待，这正是智慧的体现。

趣味闯关夺宝珠

小关卡一：看谁说得多

你知道和下面动物有关的成语吗？

_____

_____

_____

小关卡二：看谁填得快

填写动物名称，补全成语。

亡（　　）补牢　　　　（　　）到成功

飞（　　）扑火　　　　（　　）刀小试

尖嘴（　　）腮　　　　杀（　　）取卵

门可罗（　　）　　　　金（　　）脱壳

（　　）飞（　　）舞　（　　）丝（　　）迹

（　　）头（　　）尾　（　　）心（　　）肺

小关卡三：看谁讲得好

试着将这几个成语故事讲给爸爸妈妈或小伙伴听。

谚语亭

谚语民间广流传,口口传诵历百年。

人民生活积经验,通过实践来总结。

讲美德呀谈生活,聊学习呀树志向。

报天气呀动手做,述真理呀勤读书。

论励志呀懂哲理,学社交呀说环保。

通俗易懂好理解,类别繁多数不清。

谚语是广泛流传于民间的言简意赅、通俗易懂的短语，反映了劳动人民的生活实践经验和智慧。本次谚语亭活动将带领大家了解关于学习的谚语。

关于学习的谚语

读书有三到：心到、眼到、口到

释义

读书必须全神贯注，用心去体会，用眼睛去看，用嘴巴去读。

例句

读书有三到：心到、眼到、口到，缺一不可。

读万卷书，行万里路

释义

多读书能使人学问渊博，多实践能使人见多识广。学习要将书本知识与实践相结合。

例 句

古人说："读万卷书,行万里路。"理论和实践一样重要。

书读百遍,其义自见

释 义

见:即"现",显现。指书多读几遍,其中的深刻涵义就会显现出来。与"读书百遍,其义自见""书读千遍,其义自见"意义相同。

例 句

遇到难懂的,多读几遍,就会明白了,正所谓"书读百遍,其义自见"。

要知天下事，须读古人书

释义

要通晓人间的事理，就必须多读古籍，从古人那里获取智慧和知识。

例句

"要知天下事，须读古人书。"阅读经典会让你学到许多知识和经验。

书到用时方恨少

释义

方：才。

指在实际运用中才发觉书读得太少。强调平时应多读书，多积累。

例句

平时要多积累知识，才不会在关键时刻

空叹"书到用时方恨少"。

刀不磨要生锈,人不学要落后

释义

人如果不学习就会落后、退步;只有不断学习、提高,才会有发展。

例句

老师对同学们说:"刀不磨要生锈,人不学要落后。所以,同学们要有积极努力的学习态度。"

学无老少,达者为先

释义

在学问上不分年老年少,谁通晓得多,谁就位居前茅。也指有无学问不在年老年少,谁学问大就举谁为尊。

例 句

"学无老少,达者为先。"谁的学问高自然就是老师,与年纪无关。

谚语故事会

三人行,必有我师

孔子是中国古代伟大的思想家、教育家,儒家学派的创始人,被后世奉为圣贤。

相传,有一次孔子到东方游历,在荆山下碰到了三个小孩。其中两个小孩在一起玩耍,另一个小孩站得远远的。孔子感到很奇怪,他问站在一边的小孩为什么不去玩耍。那个小孩回答说:"激烈的打闹可能伤及性命,拉拉扯扯地玩耍会伤害身体。退一步说,即使不伤害身体,有时也可能撕破衣服,总之没有任何好处。"

小孩边说边用泥土堆起一座"城池",他自己坐在矮矮的"围墙"里面。孔子欲驾车前行,他却还不躲避。孔子忍不住问他:"你为什么不避让车子呢?"这小孩振振有词地说:"我只听说过车子避城,哪有城避车子的呢?"孔子只得让自己的车子绕过这座"土城"。孔子想:"确实不能把这孩子堆的'城池'当成玩具。我这样想,可孩子不这样想啊!我倡导礼仪,没想到自己却没有做到遵守礼仪,竟然让孩子给问住了。"

车行途中,孔子越想越觉得小孩的话很有意思,于是折返回去询问小孩的姓名。他赞扬小孩说:"你虽然年纪不大,但是知道的道理还真不少。"这个小孩听到孔子说自己年龄小后,就反问孔子道:"我听说,鱼出生三天,就能在江海中潜游;兔子出生三天,就能在三亩地的范围内活动;马出生三天,就能跟在母马后面行走;人出生三个月,就能认识父母。这些都是天地间的自然现象,有什么大惊小怪的呢?"

孔子十分感慨地对他的学生说:"三人行,必有我师焉!这孩子虽小,却懂礼仪,可以做我的老师了。"此后,在历代流传的故事中,这个当时年仅七岁的名叫项橐的孩子就被称为"孔子之师"。

"三人行,必有我师。"这句话告诉我们一个深刻的道理:我们在学习或生活中会接触到很多人,而每个人身上都有值得我们学习的优点,他们都可以成为我们的良师益友。

趣味闯关夺宝珠

小关卡一：谚语连一连

读书破万卷　　　　　　拳要常练

书读百遍　　　　　　　下笔如有神

书要常念　　　　　　　必有我师

书山有路勤为径　　　　学海无涯苦作舟

三人行　　　　　　　　其义自见

小关卡二：谚语填一填

◎ 老师说："_____。所以，同学们要有积极努力的学习态度。"

◎ 俗话说："_____。"功夫还是要靠自己学的。

◎ _____。谁的学问高自然就是老师，与年纪无关。

小关卡三：谚语找一找

　　和爸爸妈妈一起收集其他关于学习的谚语，并记录下来。

_____

_____

_____

诗词坊

中华古诗真美妙,唐诗宋词都不少。

平平仄仄有规律,抑扬顿挫节奏好。

鱼虫鸟兽摹自然,小桥流水展乾坤。

千里澄江垂钓乐,深山幽林仰天啸。

牙牙学语念春晓,苍苍白发记到老。

多读多诵记得牢,启人心智是瑰宝。

在人才辈出的唐代诗人中,"诗仙"李白和"诗圣"杜甫是最为璀璨的双子星。他们的艺术成就仿佛两座高耸的山峰,令后人景仰。今天,让我们先来走近"诗仙"李白,看一看他那色彩斑斓的诗歌世界吧!

"诗仙"李白的诗歌世界

李白（701—762），字太白，号青莲居士，是唐代伟大的浪漫主义诗人，被后人誉为"诗仙"，与杜甫合称"李杜"。

李白祖籍陇西成纪（今甘肃天水附近），幼时随父迁居绵州昌隆县（今四川江油）青莲乡，25岁起"辞亲远游"，仗剑出蜀。天宝初供奉翰林，因遭权贵谗毁，仅一年余即离开长安，开始了新的漫游。晚年漂泊于东南一带，后病逝于安徽当涂。

李白其人爽朗大方，爱饮酒作诗，喜交友。其诗豪迈奔放，清新飘逸，想象丰富，意境奇妙。有《李太白集》30卷传世，现存诗歌

李白像

900多首，代表作有《望庐山瀑布》《蜀道难》《将进酒》《早发白帝城》等。

静夜思

[唐] 李白

床前明月光，

疑是地上霜。

举头望明月，

低头思故乡。

解诗意

明亮的月光洒在床前的地上，

地上好像泛起了一层白霜。

我禁不住抬头望向那轮明月，

不由得低头想起远方的故乡。

品诗味

这首小诗前两句写景,明亮的月光勾起诗人浓浓的思乡之情。诗人深夜难眠,思念远方的故乡,不知道故乡的亲人们是否安好。诗人的语言非常平实质朴,没有刻意煽情,可正是这样直接发自肺腑的语言,才更显得思乡之情真切动人。小朋友们,你们体会到了吗?

夜宿山寺

[唐]李白

危楼高百尺,
手可摘星辰。
不敢高声语,
恐惊天上人。

解诗意

山上寺院的高楼真高啊,好像有一百尺的样子,

人在楼上好像一伸手就可以摘下天上的星星。

站在这里,我不敢大声说话,

唯恐(害怕)惊动天上的神仙。

品诗味

诗人通过大胆想象,渲染山寺楼宇之奇高,把楼宇的高耸和夜晚寺庙内的静谧氛围描绘得十分真切。摘星辰,惊天人,仿佛是孩童之举,意趣盎然。小朋友们,你们有过登高的体验吗?当时想了些什么呢?

赠汪伦

[唐] 李白

李白乘舟将欲行，
忽闻岸上踏歌声。
桃花潭水深千尺，
不及汪伦送我情。

解诗意

李白乘舟将要离别远行，
忽听岸上传来踏歌之声。
桃花潭水纵然深至千尺，
也比不上汪伦送别之情。

说故事

观察漫画，结合诗歌内容，试着说一说

诗歌背后的故事吧!

早发白帝城

[唐]李白

朝辞白帝彩云间,

千里江陵一日还。

两岸猿声啼不住,

轻舟已过万重山。

解诗意

早晨我告别高入云霄的白帝城，江陵虽远在千里之外，船行却只一日行程。

两岸猿声还在耳边不绝地回荡，不知不觉轻舟已穿过万重山峰。

说故事

观察漫画，结合诗歌内容，试着说一说诗歌背后的故事吧！

> 这流放的生活何时才能结束呢？

> 太好了！我被赦免了，终于可以重获自由了！

> 这小船好像也跟我一样欢快，一日千里，一天时间就回到了江陵！

趣味闯关夺宝珠

小关卡一：绘声绘色讲故事

　　对照漫画，将《赠汪伦》和《早发白帝城》背后的故事讲给小伙伴听。

小关卡二：过目不忘背古诗

　　和小伙伴比一比，看谁能最先把这四首古诗背出来。

小关卡三：展开想象画古诗

　　你还知道李白的哪首诗？也来尝试把它的内容画成四格小漫画吧！

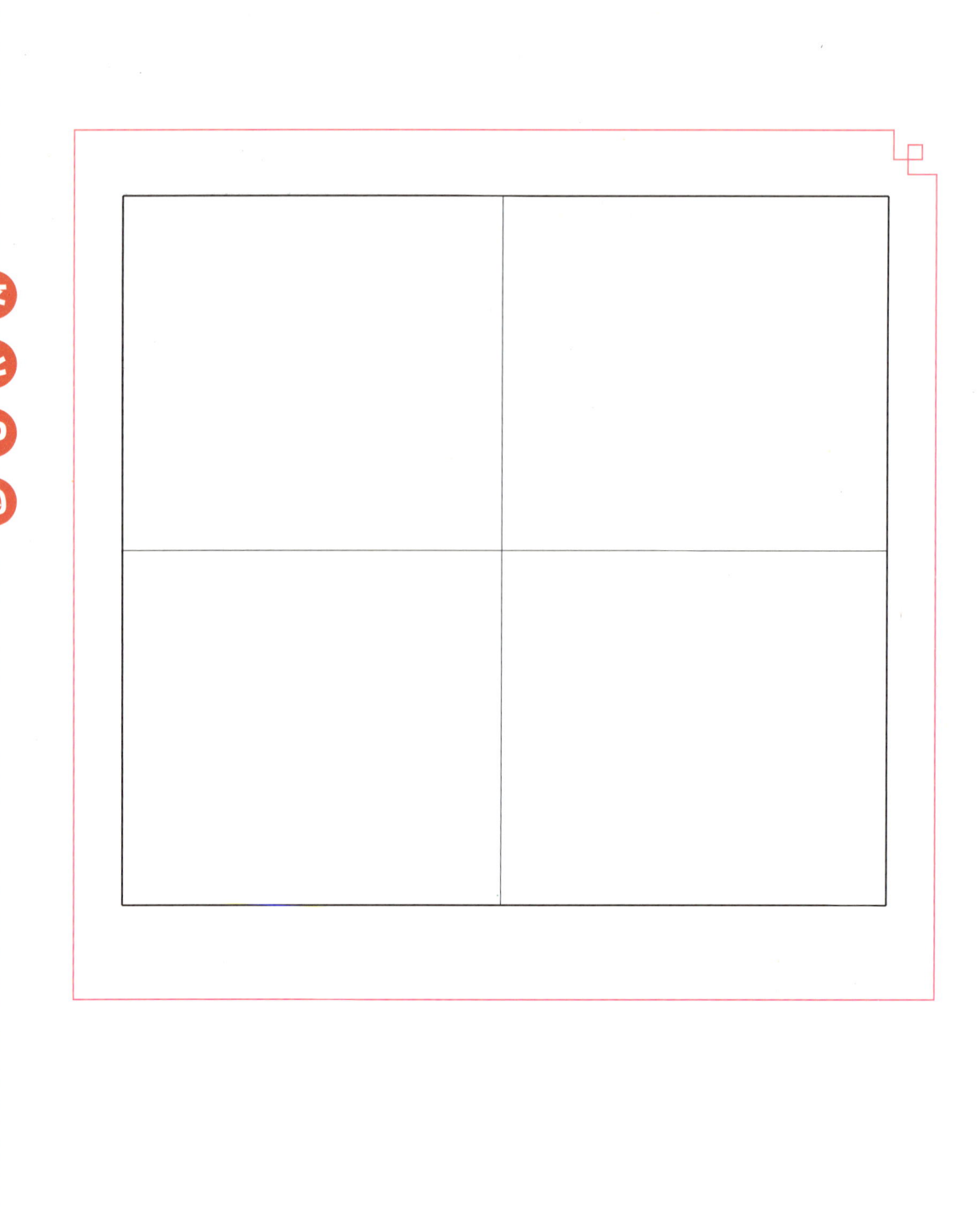

趣味链接

李白的"朋友圈"

李白一生行走天下,朋友遍布四海,其中最为人们所熟知的有六位。第一位是贺知章,他是李白的前辈和知音;第二位是元丹丘,《将进酒》就是李白与他相聚时创作的；第三位是孟浩然，他与李白性情相投，两人都才华横溢；第四位是"诗圣"杜甫，他给李白写了很多首诗；第五位是魏万，他曾为李白编成诗集；还有一位是汪伦，他们之间留下了"桃花潭水深千尺"的友情佳话。

领你学优良传统

第五站

民族源

我是中国人，不忘民族源。

盘古开天地，奔月嫦娥美。

大禹治水忙，炎黄尧舜高。

上古神话传，不朽华夏魂。

爆竹一岁除，中秋月儿圆。

传统节日多，民俗传承久。

南北大不同，多元大家族。

一代天骄豪，成功复台湾。

从军保家国，巾帼同须眉。

当代生活美，岁月需铭记。

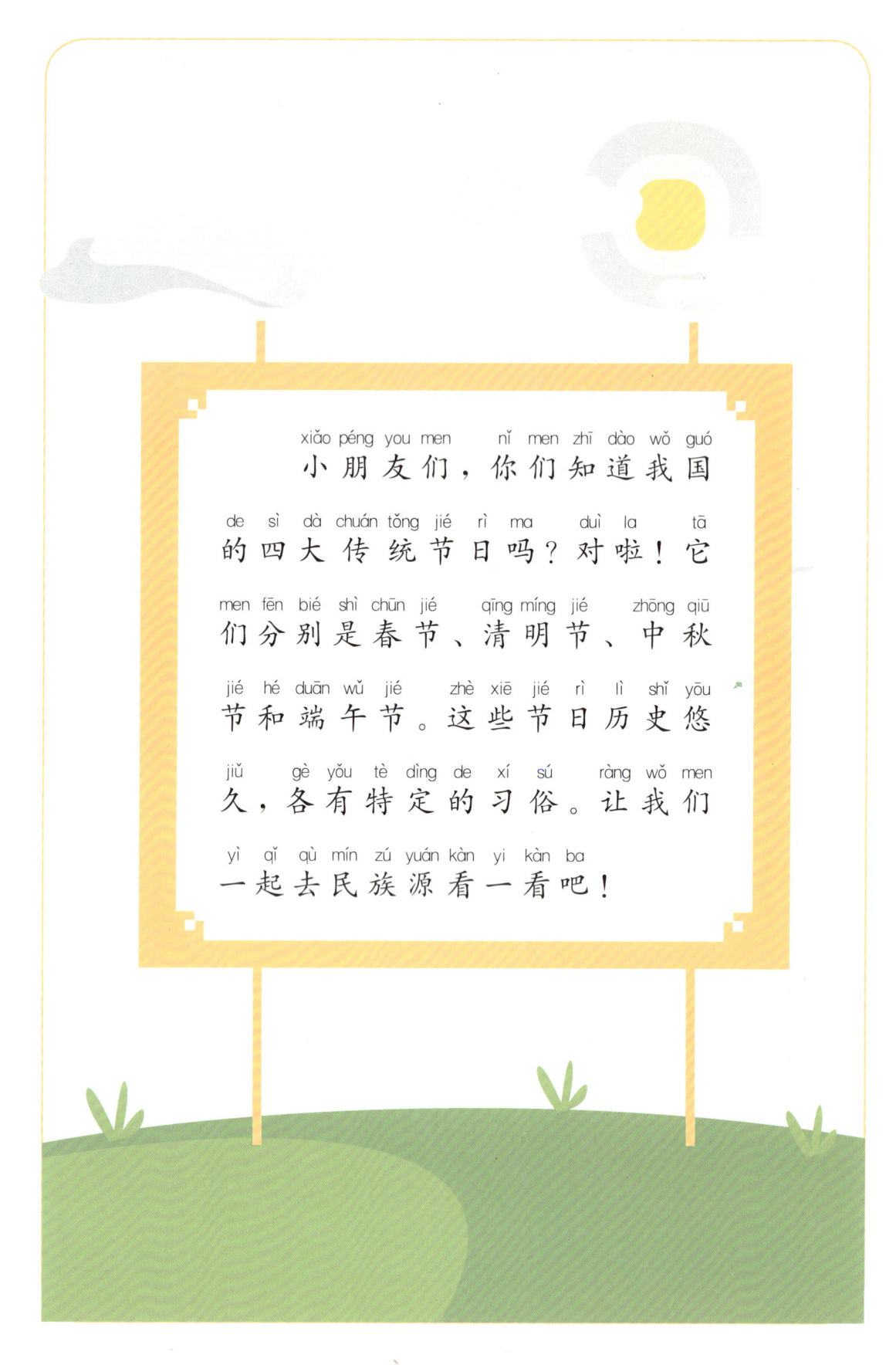

小朋友们，你们知道我国的四大传统节日吗？对啦！它们分别是春节、清明节、中秋节和端午节。这些节日历史悠久，各有特定的习俗。让我们一起去民族源看一看吧！

四大传统节日

爆竹声中一岁除——春节

春节是中国人的农历新年,时间是农历正月初一。春节有哪些习俗?人们为了迎接春节要做哪些准备?唱一唱童谣,了解一下吧!

小孩小孩你别馋,过了腊八就是年。

腊八粥,喝几天,转眼就是二十三。

二十三,糖瓜粘。二十四,扫房子。

二十五,做豆腐。二十六,煮煮肉。

二十七,宰公鸡。二十八,把面发。

二十九,蒸馒头。三十晚上闹一宿,

大年初一扭一扭。

准备了这么多,都是为了在除夕晚上一家

人欢欢喜喜地守岁、吃年夜饭，怀着热切期盼和对未来生活的美好祝福，迎接新的一年。

牧童遥指杏花村——清明节

公历四月五日前后是清明节。清明节又叫踏青节，是中国最重要的祭祀节日之一，人们会在此时返乡祭祖和扫墓。在不少地区，青团是最具特色的清明节令食品。

相传春秋时期，晋公子重耳为逃避迫害而流亡国外。一次，在赶路途中，他又累又饿，却找不到食物。正在大家万分焦急的时候，随臣介子推走到僻静处，从自己的大腿上割下了一块肉，煮了一碗肉汤让重耳喝了，使

他恢复了精神。流亡十九年后,重耳回到晋国做了国君,也就是历史上的晋文公。晋文公即位后重赏了当初伴随他流亡的功臣,唯独忘了介子推。

很多人劝介子推面君讨赏,他却不愿去争功,而是收拾好行装,带着老母亲悄悄到绵山隐居去了。晋文公听说后,羞愧莫及,亲自带人去请介子推。绵山山高路险,树木茂密,难寻介子推的身影。有人献计,从三面火烧绵山,逼出介子推。大火烧遍绵山,却没见介子推出来。火灭后,人们才在一棵老柳树下发现了介子推母子的尸骨。他在树洞里留下一封血书:"割肉奉君尽丹心,但愿主公常清明。"

绵山介子推母子雕像

为纪念介子推，晋文公下令每年这一天禁止生火，家家户户吃寒食，即为寒食节。第二年寒食节次日，晋文公率群臣着素服登绵山祭奠介子推，发现那棵烧焦的大柳树竟然奇迹般死而复生，枝繁叶茂。晋文公想起介子推的清明志向，便赐封眼前的大柳树为"清明柳"，这一天便逐渐演化为以祭祀为重的清明节。

华夏儿女共婵娟——中秋节

农历八月十五是一年一度的中秋节。中秋节别称很多，有"月夕""秋节""仲秋节""八月节""八月会""追月节""玩月节""拜月节""女儿节""团圆节"等。中国人自古便有在中秋节这天祭月、赏月、吃月饼、赏桂花、饮桂花酒等习俗，许多习俗一直流传至今。中秋节以月之圆兆人之团圆，寄托了人们思念故乡、思念亲人之情。人们会在这一天与亲人欢聚，共享团圆之乐。

旧时，北京的人们在中秋节有祭拜"兔儿爷"的传统，后来"兔儿爷"转变成孩子们的中秋节玩具。"兔儿爷"的形象来源于民间神话传说。

兔儿爷

传说月宫中有一位嫦娥仙子，她的身边有一只玉兔。当初奔月升仙时，她在慌乱中抱起了自己喂养的白兔。这只白兔后来便一直随她居住在月宫，被称为"玉兔"。玉兔有一只捣药杵，夜晚在药臼中捣制可使人

明代玉兔捣药耳环

长生不老的灵药。人们将玉兔的形象艺术化、人格化，用泥塑创造出"兔儿爷"的形象。

龙舟竞渡粽叶飘——端午节

端午节的日期为每年农历五月初五。农历五月时值仲夏，正是登高顺阳的好天气，所以端午节又被称为"端阳节"。端午节有赛龙舟、吃粽子的习俗。同时，这一天还是民间传统的卫生节，人们会在此时洒扫庭院，将菖蒲、艾草插于门上，悬于堂中，表达纳福辟邪、驱除疾病的愿望。

传说端午节吃粽子的习俗与战国时期伟大的爱国诗人屈原有关。屈原在楚国任三闾

近现代·傅抱石《屈原图》

大夫、左徒，兼管内政外交大事，才能出众。然而，由于他的政治主张侵犯了楚国贵族的利益，屈原遭到排挤和陷害，被流放到今天湖南的湘、沅流域。公元前278年，秦军攻破楚国都城，屈原悲痛万分，于五月初五抱石投汨罗江自尽。

屈原死后，楚国百姓十分哀痛，纷纷拥到汨罗江边去凭吊屈原。渔夫拿出准备好的饭团、鸡蛋等食物，"扑通、扑通"地丢进江里，说是让鱼龙虾蟹吃饱了，它们就不会去咬屈大夫的身体了。人们见后纷纷仿效，很多人用粽叶包裹饭团投入水中，后来慢慢发展成端午节吃粽子的习俗。

趣味闯关夺宝珠

小关卡一：节日美食连一连

清明节　　　　　端午节　　　　　中秋节

小关卡二：节日时间填一填

春　节（　　　　　）　端午节（　　　　　）

清明节（　　　　　）　中秋节（　　　　　）

小关卡三：节日生活画一画

拿起手中的画笔，把你经历过的印象最深的一个传统节日情景画下来吧！

领你学优良传统

第六站

礼仪桥

我们大中华，堪称礼仪邦。

言谈与举止，礼节与仪式，

从古到今日，共同来规范。

交谈讲礼仪，可以变文明。

就餐讲礼仪，可以显高雅。

做客讲礼仪，可以受欢迎。

出游讲礼仪，可以得尊敬。

处处讲礼仪，事事顺心意。

诚信是中华民族的传统美德,也是公民的一项基本道德准则。在中国传统礼仪文化中,有关"信"的内容有哪些呢?《弟子规》中就有较为详细的阐述。让我们一起走上礼仪桥学习一下吧!

《弟子规》（节选）

《弟子规》是依据至圣先师孔子的教诲而编成的生活规范，它规定了学生主修的六门课和辅修的一门课，其中就有关于"信"的内容。"信"这个字由"人"和"言"构成，本义是说话真实算数，诚实不欺。人与人之间最频繁、最常用的沟通方式就是言语，如果不能做到言而有信，人与人的交往也就缺乏了互信的根基。

《论语》里有这样一句话："古者言之不出，耻躬之不逮也。"就是说古人对于自己的言语非常重视，每一次要讲话之前都会三思，思考这句话可不可以讲、该不该讲，讲了之后自己是否能够做到，以免言而无信，损伤自己的诚信。直到今天，诚信仍然是一种道德准则,也是小朋友们成长过程中的必修课。

信

凡出言,信为先。诈与妄,奚可焉?

释 义

凡是说出的话,首先要真实不虚、讲求信用。说谎话骗人、胡言乱语,怎么可以呢?

话说多,不如少。惟其是,勿佞巧。
刻薄语,秽污词,市井气,切戒之。
见未真,勿轻言;知未的,勿轻传。
事非宜,勿轻诺。苟轻诺,进退错。

释 义

说话多不如说话少,因为言多必有失。说的话要恰当在理、符合实际,千万不要花言巧语。

尖酸刻薄、下流肮脏的话，以及粗俗的市侩习气，都要彻底戒除掉。

看到的事情没有弄清楚，不要轻易发表意见；听来的事情没有根据，不要随便乱传，以免造成不良后果。

对于自己认为不妥当的事情，不能随便答应别人。假如轻易许诺，就会使自己陷入进退两难的境地。

凡道字，重且舒。勿急疾，勿模糊。
彼说长，此说短，不关己，莫闲管。
见人善，即思齐。纵去远，以渐跻。
见人恶，即内省。有则改，无加警。

释义

说话的时候，吐字要清楚，语气要舒缓，

不能讲得太急太快，也不能讲得含糊不清，使人家听不明白。

东家说长，西家说短，别人的是非很难弄清楚；与自己的正经事没有关系的，不要去多管。否则，不但搅乱了别人，也有损自己的德行。

看到了别人的善行，就要想到自己也应该努力去做到。即使和他差距很远，只要肯努力，渐渐也能赶上。

看到了别人的恶行，要立刻反省自己。如果发现自己也有，就要马上改正；如果没有，也要引起警惕，防止自己犯同样的过错。

唯德学，唯才艺，不如人，当自砺。

若衣服，若饮食，不如人，勿生戚。

闻过怒，闻誉乐，损友来，益友却。

闻誉恐，闻过欣，直谅士，渐相亲。

释义

做人最要紧的是道德、学问、才能和技艺，这些方面不如人家，就要不断勉励自己，努力赶上。

如果吃的、穿的不如人家，用不着忧愁悲伤。这不是什么不光彩的事，因为做人最重要的是德与才。

听到别人说自己的过错就生气，听到别人称赞恭维自己就高兴，那么，有损德行的朋友就会来与你接近，真诚有益的朋友就会远离你。

听到别人赞美自己就感到惶恐不安，听到别人指出自己的过错就欢喜接受。经常这样做，那些正直诚实的人，就会逐渐与你亲近起来。

无心非，名为错；有心非，名为恶。

过能改，归于无；倘掩饰，增一辜。

释义

如果是无意中做了错事，这就叫"错"；如果是故意去做的，那就叫"恶"。

有了过错，要能勇于面对，并彻底改正过来，这样错误就会越改越少了；如果不肯承认，还要极力掩饰，那就是错上加错了。

趣味闯关夺宝珠

小关卡一：连一连

凡出言，信为先	如果是无意中做了错事，这就叫"错"。
见未真，勿轻言	看到的事情没有弄清楚，不要轻易发表意见。
见人善，即思齐	如果有不如人的地方，就要努力赶上。
不如人，当自砺	有错能彻底改正，错误就会越改越少。
无心非，名为错	看到别人的善行，自己也应该努力去做到。
过能改，归于无	凡是说出的话，首先要真实不虚、讲求信用。

小关卡二：说一说

◎ 同学之间有时会互借文具，每次借用别人的文具后你是否做到了及时归还？

◎ 老师批改考卷的时候多给了你3分，你应该怎么做？

◎ 课间，你把同桌的墨水搞翻了，同桌没发现，你应该怎么做？

小关卡三：读一读

读一读小故事，说说你从中学到了什么。

古时候，有一对父子到集市上卖梨。很快就有一个人看中了他们的梨，双方谈好了价钱后，那个人就回去取钱了。这时，又来了一个商人，看到这对父子的梨新鲜、个大，立即要出高价买下。儿子动摇了，可父亲却对儿子说："说话要算数，怎么能因为有利可图就放弃信用呢？"后来，第一个买主回来了，父子俩按约定把梨卖给了他。

趣味链接

一诺千金

秦末楚地有个叫季布的人,他为项羽效力,曾屡次使汉王刘邦受到困窘。他最为人称道的一点是特别讲信义,只要是他答应过的事,无论有多么困难,他一定会想方设法办到。当时流传着一句话:"得黄金百斤,不如得季布一诺。"

后来，刘邦打败项羽，当上了皇帝，开始搜捕项羽的部下。他下令只要谁能将季布送到官府，就赏赐千金。可是，由于季布重信义，深得人心，人们宁愿冒着被诛灭三族的危险为他提供藏身之所，也不愿意为了赏赐而出卖他。最后，大家都在刘邦面前为季布说情，刘邦终于赦免了季布，还任命他做了河东太守。

带你通匠心百科

第七站

天文台

一旦时分两仪四象，天下雷行孕育万物。

春夏生长秋冬敛藏，节气物候皆含哲理。

知晓人与天地共鸣，寻根感悟田园牧歌。

中华文化温故知新，体察世界敬畏生命。

十二生肖是中华传统民俗文化符号之一,其与中国古代天文历法也有着千丝万缕的关联,想知道吗?一起去天文台吧!

十二生肖

十二生肖，又叫属相，是用来记录人的出生年份的十二种动物，即鼠、牛、虎、兔、龙、蛇、马、羊、猴、鸡、狗、猪。中国十二生肖文化的历史十分悠久，早在先秦时期即有比较完整的生肖文化存在。目前已知最早记载生肖的文献是中国第一部诗歌总集《诗经》，《诗经·小雅·吉日》中有："吉日庚午，既差我马。"到了两汉，十二生肖成为定式，

十二生肖邮票

东汉王充《论衡》中已经有了与现在相同的关于十二生肖的记载。

十二生肖的文化内涵非常丰富。一直到现在，生肖依然被人们视为代表自身的一种符号。每一种生肖都有各自的象征意义和丰富的传说，成为民间文化中的形象哲学。十二生肖还成为民间工艺品、书画、雕塑等的重要表现题材，相关作品深受人们喜爱。此外，充满中国文化韵味的生肖邮票更是集邮爱好者追捧的对象，甚至在全球引起热潮。

十二生肖与古代天文历法

小朋友们，你们知道吗？十二生肖不仅仅是简单的十二种动物，它与我国古代天文历法还有着密切的关联呢！

古代天文学家在对日月星辰运行和时空变换的长期观察基础上，总结了其中周期性的自然规律，并据此选取了十天干和十二地支作为记录时间的符号。十天干即甲、乙、丙、丁、戊、己、庚、辛、壬、癸，十二地支即子、丑、寅、卯、辰、巳、午、未、申、酉、戌、亥。

天干与地支按固定的顺序相互配合，形成周期性的符号，广泛地用于纪年、纪月、纪日、纪时。

为了便于记忆，人们选取了十二种动物与十二地支对应，即：子鼠、丑牛、寅虎、卯兔、辰龙、巳蛇、午马、未羊、申猴、酉鸡、戌狗、亥猪。这样，就形成了更加生动形象

十二地支与生肖小铜镜

的十二生肖符号,从而也就形成了将十二生肖用于记录时间的生肖历法。

生肖历法简单好记,便于流传,因而在民间应用非常广泛,是我国古代天文历法的重要内容。在传统历法中,生肖可以被用来纪年、纪月、纪日、纪时。生肖纪年是最普遍的应用,至今人们仍在使用,即将年份依次命名为鼠年、牛年、虎年、兔年、龙年、蛇年、马年、羊年、猴年、鸡年、狗年、猪年……如此周而复始,循环无穷。例如,2022年是虎年,2023年是兔年,2024年是龙年……一个人的出生年份就决定了其生肖,与西方按照出生日期确定星座有相似之处。生肖也因此常常被作为新年的吉祥物和象征符号,产生了"三羊开泰""马到成功""牛气冲天"等有趣的新年祝福语。

十二生肖中老鼠排位的传说

十二生肖中的老鼠体型最小,没有龙的神威,没有猴的机灵,也没有牛的勤劳,为何能排在第一位呢?

传说,在天干地支刚刚定下时,玉皇大帝下旨选拔十二个对应的代表动物。听到这个消息,动物们纷纷积极参加。这天,天庭动物云集,争相向玉皇大帝推荐自己。玉皇大帝非常高兴,从不同类别的动物中挑选了

龙、虎、牛、马、羊、猴、鸡、狗、猪、蛇、鼠、兔十二种动物作为十二生肖。玉皇大帝想要给它们排位，动物们纷纷争先，都想排在前面，天庭乱成了一锅粥。

经过一番争论，大家推选老实憨厚的黄牛居首位。可这时缩在墙角的老鼠却不服气地大喊大叫："黄牛怎么能和我相比呢！论大数我最大！我才应该排在第一位！"如此惊人之语引来满堂大笑。老鼠却自信满满地说："不信可以比一比，让人们来作评判！"动物们讨论后，决定让老鼠和黄牛比试比试，听听人们是怎么说的。

于是它们来到了街头闹市。黄牛走过时，人们纷纷夸赞："这头牛真强壮。"黄牛感到非常得意。老鼠在这时忽然跑出来,四周顿时响起了人们的惊叹声:"哇,好大的老鼠!"

根据人们的评判,玉皇大帝将老鼠排在了首位,而黄牛则屈居第二。

其实,这样的传说故事并不具有真实性,不过,诸如此类与十二生肖有关的传说故事妙趣横生,代代相传,增添了十二生肖文化的魅力。

趣味闯关夺宝珠

小关卡一：看谁写得对

十二生肖包括哪些动物？试着按顺序写下来。

_____

小关卡二：看谁说得多

查查资料，说说与生肖有关的新年祝福语。

小关卡三：看谁画得好

你能在下面图上画一画对应的生肖动物，填一填对应的年份吗？

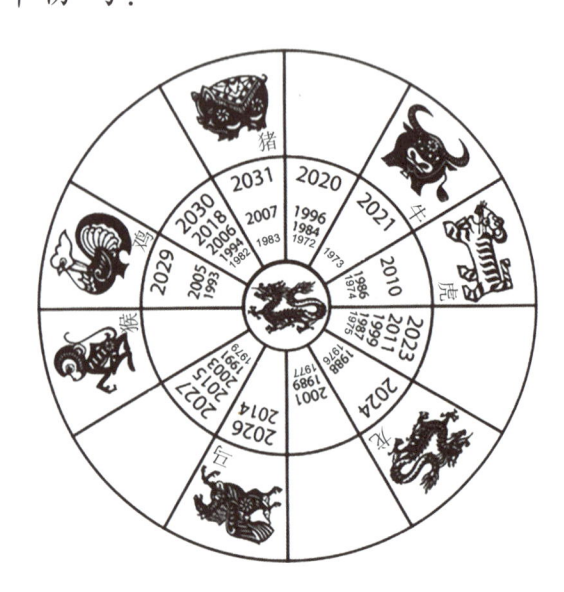

带你通匠心百科

第八站

艺术廊

艺术出生活，民间有高手。

阳春白雪雅，下里巴人趣。

门户贴年画，娃娃抱胖鱼。

北有杨柳青，南有桃花坞。

开轩贴窗花，精细惹人赞。

捏个小泥人，栩栩尽如生。

拉着兔儿跑，张灯又结彩。

蝴蝶戏长龙，纸鸢舞长空。

眼耳手脑心，小小艺术家！

小朋友们在手工课上一定学过剪纸吧？你们知道吗？剪纸还是一项历史悠久的中国传统民间艺术呢！让我们一起去艺术廊欣赏剪纸艺术的魅力吧！

剪纸

中国传统工艺中，剪纸可谓一绝。它是一种用剪刀或刻刀在纸上剪刻花纹，用于装点生活或配合其他民俗活动的民间艺术。

剪纸艺术在中国有相当长的历史，它形成于汉代，南北朝时发展成熟，清朝中期以后走向繁盛。直到现在，剪纸仍然是一种广受欢迎的民间艺术形式。

2006年5月20日，剪纸经国务院批准列入第一批国家级非物质文化遗产名录。2009年举行的联合国教科文组织保护非物质文化遗产政府间委员会第四次会议上，中国申报的中国剪纸项目入选联合国教科文组织人类非物质文化遗产代表作名录。

不同时期的剪纸艺术

北朝对马团花剪纸（复原图）

唐以前的剪纸艺术

纸的发明是在西汉时期，在此之前没有剪纸艺术。但当时人们运用薄片材料，如金箔、皮革、绢帛，甚至树叶等，通过镂空雕刻的技法制成工艺品，这些作品在未出现纸时就已流行。

目前发现的中国最早的、真正意义上的剪纸作品是新疆吐鲁番火焰山附近出土的五幅北朝团花剪纸。

唐代的剪纸艺术

唐代剪纸已处于繁荣大发展时期。从现

藏于大英博物馆的唐代剪纸作品均可看出，当时剪纸手工艺术已达到极高的水平。唐代民间还出现了利用剪纸形式制作的漏版印花版。人们用厚纸雕刻成花版，将染料漏印到布匹上，形成美丽的图案。另外，在敦煌莫高窟也出土过唐代及五代的剪纸，其图案大多与佛教有关。

唐代菩萨立像剪纸

宋代的剪纸艺术

宋代造纸业成熟，纸品种类繁多，为剪纸的普及提供了条件。此时出现了以剪纸为职业的行业艺人。人们日常生活中随处可见剪纸作品，如作为民间礼品的"礼花"，贴于窗上的"窗花"，

宋代剪纸贴花双凤纹碗

用于灯彩、茶盏上的装饰等。不仅如此，宋代民间剪纸的运用范围也逐渐扩大。江西吉州窑将剪纸作为陶瓷的花样，通过上釉、烧制使陶瓷更加精美；民间还采用剪纸的形式，用驴、牛、马、羊等动物的皮雕刻成皮影戏的人物造型；此外，人们还用剪纸的技法镂刻蓝印花布制作工艺的花版，用油纸版雕镂成纹。

明清的剪纸艺术

明清时期剪纸手工艺术走向成熟，并达到鼎盛。民间剪纸手工艺术的运用范围更为广泛，灯彩上的花饰、扇面上的纹饰，以及刺绣的花样等，往往都是利用剪纸作为装饰再加工的。最常见的是将剪纸作

清代八仙庆寿剪纸挂笺

为家居饰物，美化居家环境，如门笺、窗花、柜花、喜花、棚顶花等，都是用来装饰门窗、房间的剪纸艺术作品。

现当代的剪纸艺术

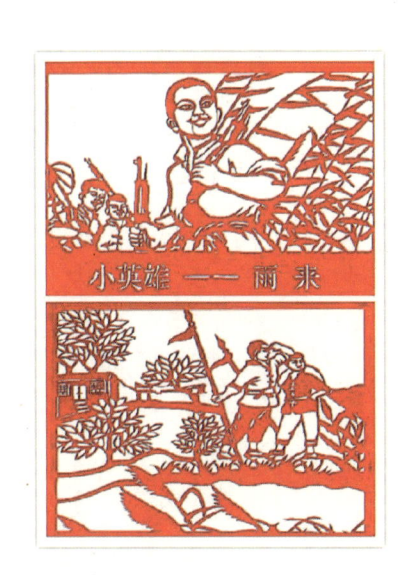

20世纪30年代，民俗学刚在中国出现，民间剪纸受到美术界重视，一大批艺术家开始了民间剪纸的研究与创作。他们用速写和剪影的形式展现了方方面面

现代小英雄——雨来剪纸

的风俗民情，作品描绘的对象包括串街小贩、作坊工匠、市井闲人、食摊茶挑、集市庙会等各类人群和场景。新中国成立后，在"百花齐放"的文艺方针指导下，艺术家们创作了大量表现社会主义新人新事的新剪纸作品，开

拓了剪纸创作的道路，也丰富了中国民间装饰艺术的形式和内容。在当代剪纸的创作中，除了表现各行各业新气象外，儿童、体育、杂技、歌舞等也成为最常见的题材。

剪纸艺术自诞生以来，在中国历史上没有中断过，并且不断丰富发展。它充实于各种民俗活动中，是中国民间历史文化内涵最为丰富的艺术形式之一。

剪纸中的阳刻与阴刻

阳刻　　　　　　阴刻

按照图案主题的轮廓表现方式，剪纸可以分为阳刻与阴刻两种技法。阳刻技法的特征是，表现主题的轮廓线是整体连接的,剪去轮廓线以外的空白部分,"线线相连,万剪不断";阴刻技法则用间断的镂空表示事物的轮廓线,线条不一定是互连的,阴刻为主的剪纸作品整体上呈块状。大部分剪纸作品会将阴刻和阳刻两种技法相结合,使图案富于变化,层次感鲜明。

剪纸作品欣赏

折叠剪纸

剪影剪纸

点染剪纸

套色剪纸

填色剪纸　　　　　　　　立体剪纸

广东佛山瑶塞庆丰收剪纸　　　福建漳浦国色天香剪纸

山西绵山太原双塔寺剪纸　　　山东胶东福寿万代剪纸

趣味闯关夺宝珠

小关卡一：快问快答

◎ 剪纸是不是世界非物质文化遗产？

◎ 古代剪纸的鼎盛时期是什么时候？

◎ 目前所见的中国最早的、真正意义上的剪纸作品是什么？是在哪里被发现的？

小关卡二：辨一辨

下面两幅剪纸作品分别主要采用了阴刻、阳刻中的哪一种技法？

小关卡三：手作

　　下面是两种剪纸样式的制作示意图，借助步骤提示，动手做一做，完成自己的剪纸作品。

　　（小提示：请先学习五角折剪的折纸方法哦！）

带你通匠心百科　　第九站

中医堂

中医汉方为传统，生理病理来诊断。

望闻问切是方法，中药针灸为手段。

气功拔罐来辅助，按摩食疗养身体。

阴阳调和助康复，生命生活提品质。

中草药是怎么被发现的？有哪些种类？在我们身边又有哪些药食两用的中草药呢？让我们走进中医堂认识神奇的中草药吧！

神奇的中草药

什么是中草药？

中药是中医药理指导下认识和使用的药物，主要由植物药（根、茎、叶、果）、动物药（内脏、皮、骨、器官等）和矿物药组成。因植物药占大多数，所以中药也称中草药。

中华民族使用中草药的历史可以追溯到五六千年前。相传，神农尝百草，首创医药，被尊为"药皇"。在数千年的文明史发展过程中，人们又不断观察、试验，口尝身受，认识和发现了越来越多的天然药物，对疾病防治起到了巨大作用。目前，中草药资源约有12000多种，各地使用的中药达5000种，将各种药材相配制成的方剂，更是数不胜数。

博大精深的中草药知识体系是中国古代人民医疗卫生知识和经验的智慧结晶，同时也代表着世界古代医药学的卓越成就。今天，中草药知识和技术仍在不断发展，在现代医学领域中的应用日益广泛，在国际上也日渐受到重视。

神农尝百草的传说

上古时候，五谷和杂草长在一起。后来，有个人教大家识别五谷，播种庄稼，使人们过上了安稳的生活。因此，大家都称他为神农。可是，人吃五谷杂粮，免不了会生病。有时人们误吃了有毒的东西，也会生病。有的人得了病，很长时间也不好，最后痛苦地死去。

神农心里很是焦急，想要采集草药给人们治病。可地上的植物那么多，哪些才能用来治病呢？

神农决定亲自尝遍所有的植物，找到能医治疾病的良药。白天，他身背药篓，翻山越岭，遍尝山上的各种草木；到了晚上，他生起篝火，就着火光把自己掌握的百草的特性详细记载下来：哪些草是苦的，哪些是有毒的，哪些能食用，哪些能医病，全都写得清清楚楚。正是有了神农的帮助，人们开始知道如何运用草药治病，有了与疾病抗争的能力。

辽代《神农采药图》

有一次，神农发现一座岩壁上长着很多草药。岩壁又高又陡又滑，连猿猴都难以攀登。神农搭了一个巨大的木架,沿着架子慢慢攀上去,终于爬到岩顶,采到了草药。神农为了采药,在山间留下许多这样的木架。后来这些木架落地生根,长成了一片茫茫林海。人们就把神农搭木架采药的地方称为"神农架"。

这一天,神农在尝草药的时候,不小心吃到了毒草,昏倒在一棵小树下。这时,树枝上的露水落下来,正好滴在他的嘴里。过了一阵子,他苏醒过来。神农品尝到嘴里露水的味道,好奇地将这片树叶放在嘴里咀嚼,顿时觉得神清气爽。原来,这棵树是茶树。从那以后,神农总是随身带着茶叶,吃到毒草后,就赶紧嚼几片茶叶来解毒。

有一天,神农发现一株攀在树上的藤状植物,藤上开着一朵朵黄色的小花,那叶子还会一张一缩。他以前从来没有见过这种植物,就采了一些叶子放进嘴里咀嚼起来。谁知这是一种叫断肠草的毒草,毒性很强,茶叶也无法解毒。神农还来不及寻找其他解毒方法,毒性就发作了。直到临死前,神农还紧紧地抱着他的药篓。人们隆重地安葬了神农,尊他为农耕和医药之祖,世世代代纪念着他。

中草药的分类

中草药的分类方法有很多,现代常用的中草药分类方法,主要有下列四种:

1. 按药物功能分类——如解表药、清热药、理气药、活血化瘀药等。

2. 按药用部分分类——如根茎类、叶类、花类、皮类等。

3. 按有效成分分类——如含生物碱的中草药、含挥发油的中草药等。

4. 按自然属性和亲缘关系分类——先把中草药分为植物药、动物药和矿物药；动植物药材再根据其原动植物的亲缘关系来分类和排列次序。

食物中的中草药

小朋友们，你们知道吗？有不少中草药是可以药食两用的，既能供日常食用，加工成美味的食物，又能入药，用于制作药剂。下面，我们一起来看看日常食物中藏着哪些中草药吧！

山药

山药块茎肥厚多汁，又甜又绵，营养丰富，有制汤、制粥、炒食、制糕点等食用方法。同时，山药又有较高的药用价值，李时珍在《本草纲目》中将其功用概括为"益肾气、健脾胃、止泻痢、化痰涎、润皮毛"五个主要方面。

马齿苋

马齿苋是一种生长于田间路边的野菜，因叶片像马的牙齿而得名。可以凉拌或炒食，口感嫩脆爽滑。同时，又可入药，具有清热解毒、凉血止痢的作用。

红枣

红枣是人们日常生活中经常食用的果品，具有很高的营养价值，被誉为"百果之王"。中医认为红枣具有补中益气、养血安神的功效。

桂圆

桂圆是龙眼果晒制成的干果，香甜软糯。在药用价值方面，桂圆有补血安神、健脑益智、补养心脾的功效。李时珍在《本草纲目》中将桂圆归为资益良药。

山楂

山楂是一种核果类水果,可直接食用,也可制成山楂糕、冰糖葫芦等。晒干的山楂可入药,具有健脾开胃、生津止渴、通调血脉的功效。

趣味闯关夺宝珠

小关卡一：读一读，记一记

参观了中医堂，我知道食物中的中草药有：_____、_____、_____、_____、_____和_____。

小关卡二：查一查，写一写

你还知道食物中的哪些中草药？查查资料，把它们的名称和功效写下来。

名称	功效

带你通匠心百科　第十站

生物馆

桑叶重重麦苗秀，采了蚕桑又插秧。

金色稻浪滚滚来，沉沉谷穗弯下腰。

养牛养羊畜牧忙，五谷杂粮营养全。

丰收景象令人喜，生物知识一起学。

粒粒晶莹的米饭营养又美味，是中国人饮食文化中的主角之一。中国古人很早就开始种植水稻，这种神奇的植物结出的果实滋养了一代又一代中国人。一起走进生物馆认识一下它吧！

水稻

水稻是草本稻属的一种，也是稻属中作为粮食的最主要的、历史最悠久的一种。水稻喜高温、多湿、短日照，对土壤要求不高，多在热带、亚热带和温带等地区的沿海平原、潮汐三角洲和河流盆地的淹水地栽培。

中国的水稻栽培历史非常悠久，可追溯到距今一万多年的远古时代，那时长江中下游流域等地的先民就已经在种植水稻。其后水稻种植向外扩展到其他地区，水稻成为我国的主要粮食作物之一，一直养育着中华儿女。

水稻的种植步骤

整地	种稻前，翻动土壤，使其松软，过去用兽力（主要是牛）和犁具耕地，现在多用机器整地。

(续表)

育苗	在某块田中培育秧苗，好的秧苗是取得好收成的关键。	
插秧	将秧苗仔细插进稻田中，间隔有序。插秧时候的天气相当重要，如遇大雨则会将秧苗打坏。	
除草除虫	秧苗成长的时候，需要时时照顾，拔除杂草，有时还需用农药来除掉害虫。	
施肥	秧苗在抽高时需要施肥，让其苗壮成长，并增加日后结穗的饱满度和数量。	
灌排水	根据水稻成长情况及气候条件灌排水，使水分条件适宜。水稻种植比较依赖这个程序。	
收成	稻穗下垂，颗粒饱满时，就开始收割。过去是通过人力用镰刀割下稻穗后，使用打谷机使稻谷从稻穗中分离；现代则利用收割机进行收割作业，割稻的时候同时直接将稻谷分离出来。	

(续表)

干燥筛选	把收获的稻谷放在阳光下晾晒，并时时翻动，让稻谷中的水分快速蒸发，以便于长期贮存。筛选则是将杂质去除。	

稻米的营养价值

收获的稻粒称为稻谷，稻谷有一层外壳，碾磨时只去掉外壳就得到糙米。糙米口感较粗，但含有丰富的维他命、矿物质和膳食纤维，被人们视为绿色食品。稻谷碾磨时去掉外壳、米皮和胚芽，就得到了我们平常吃的白米。白米口感细腻，香甜美味。稻米含有人类所需的营养元素，具有补中益气、健脾养胃的功效。

稻米美食汇

稻米是中国、日本、韩国、泰国、印度等亚洲国家人们的主食，其料理方法五花八门，能够制作成各种美食。

粥		也称糜，是一种用稻米、小米或玉米、豆类等粮食煮成的稠糊状的食物。
炒饭		把煮好的饭和蛋、蔬菜、肉或海鲜等食材一块翻炒而成。
盖浇饭		在米饭上浇上菜和菜汁制作而成。
粢饭团		将糯米蒸熟，取一块湿布摊在手掌上，放上糯米饭，包夹油条、肉松、榨菜等食材，捏紧即可。
焗饭		将各类蔬菜和肉类食材与米饭混合，在饭面铺上芡汁（部分会加上芝士）焗制而成。

(续表)

煲仔饭		用小瓦煲将生米煮至收水时,加入腌好的腊味等食材,慢火焖熟,再撒上香葱,加入秘制酱汁,焖至产生香脆的饭焦。

水稻的其他用途

除了制成稻米供食用之外,水稻还有许多其他用途。稻壳可做燃料、填料、抛光剂,可用以制造肥料和糠醛,还能作为制作一次性环保餐具的原料。稻草可用作饲料、牲畜垫草、覆盖屋顶材料、包装材料,还可制作席垫、服装和扫帚等日常生活用品。

趣味闯关夺宝珠

小关卡一：看谁排得对又快

读读下列水稻种植步骤，按照先后顺序给它们排排队。

　　收成　育苗　整地　灌排水　施肥
　　插秧　干燥筛选　除草除虫

_____→_____→_____→_____→_____→

_____→_____

小关卡二：看谁查得多又对

查找资料，了解水稻相关的其他小知识，试着做一张知识卡片。

小关卡三：亲子活动乐陶陶

　　和爸爸妈妈一起用稻米做一道美食，然后给你们做的美食拍张照，并评价一下它的味道。

美食评价：

☆☆☆☆☆

评价人：_____

带你通匠心百科

第十一站

游乐场

小朋友，爱游戏，传统游戏乐趣多。

放学后，聚一处，大家一起玩玩闹。

七巧板、抽陀螺，比比谁的手儿巧。

荡秋千、踢毽子，看看谁的技巧高。

骑竹马、踩高跷，放下书包蹦蹦跳。

竹蜻蜓、拨浪鼓，小朋友们齐欢笑。

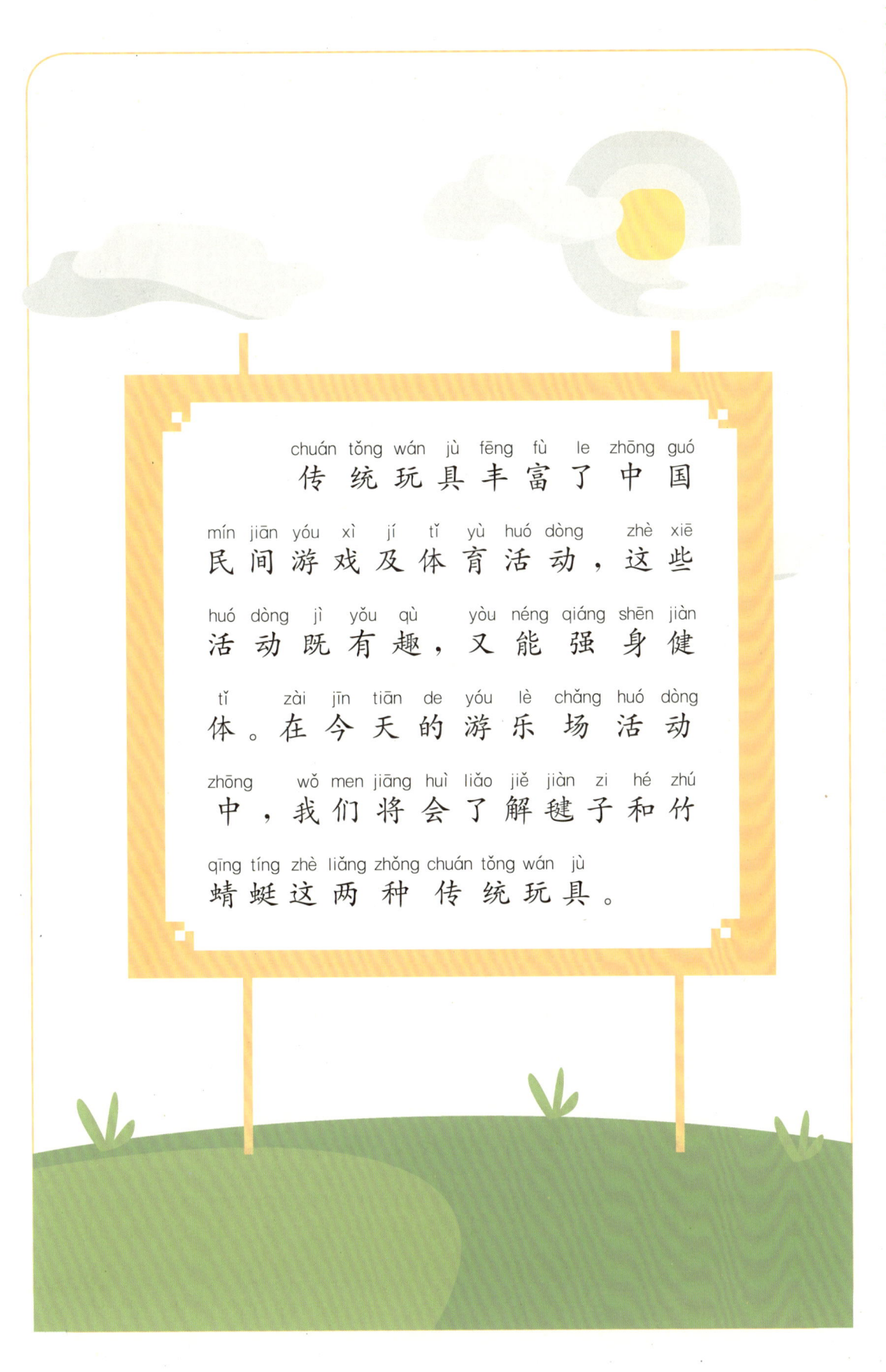

传统玩具丰富了中国民间游戏及体育活动，这些活动既有趣，又能强身健体。在今天的游乐场活动中，我们将会了解毽子和竹蜻蜓这两种传统玩具。

毽子

毽子，又称毽球，古称抛足戏具，是用鸡毛插在圆形的底座上制成的游戏用具。作为古老的传统民俗体育活动，中国的毽球运动历史悠久。相传在距今3000多年的商朝，就有一种边跳边踢的舞蹈，这可能就是踢毽子的雏形。1913年山东济宁一个东汉墓出土了23块画像石，其中有一块是蹴毛丸图，图中人物所做运动与现在的踢毽子动作技术基本相似。由此推算，踢毽子游戏在中国至少已有2000多年的历史了。

作为民间体育游戏，踢毽子是一项良好的全身性运动。它不需要任何专门的场地和设备，运动量可大可小，老幼皆宜，尤其有助

于培养人的灵敏性和协调性，使身体得到较为全面的锻炼，增强体质。踢毽子运动的娱乐性和灵活性，使它在深受国人青睐的同时，也为世界其他国家的人们所喜爱。近年来，欧洲、亚洲的许多国家都开展了毽球运动。

毽子的基本踢法

毽子的踢法多种多样，其中最基本的踢法包括盘踢、拐踢、磕踢、绷踢四种。

盘踢又称内侧踢，包括左脚内侧踢，右脚内侧踢，或两脚内侧互换踢。踢时膝部向外张，大腿向外摆动，小腿向上摆，踝关节用力。

盘踢　拐踢

磕踢　绷踢

毽子的基本踢法

拐踢又称外侧踢，包括左脚外侧踢，右脚外侧踢，或两脚互换外侧踢。踢时大腿放松，小腿用力，向体后斜上方摆动。

磕踢又称膝踢，是用两腿膝盖踢毽，踢时髋关节、膝关节放松，小腿自然下垂，由膝关节发力，带动大腿上摆，将毽子撞起。

绷踢又称脚尖踢，是用左脚、右脚脚尖踢或两脚脚尖互换踢，把即将落地的毽子用脚尖外三趾部分一绷而起。

竹蜻蜓

竹蜻蜓是一种传统的民间玩具，流传甚广。它是中国古代一个很精妙的小发明。据说约在公元前500年，中国古人或许是通过观察大自然中蜻蜓的飞翔得到启示，制成了竹蜻蜓，2000多年来，它一直是中国孩子手中的玩具。这种简单而神奇的玩具，曾令西方传教士惊叹不已，将其称为"中国螺旋"。

竹蜻蜓由两部分组成：一是垂直方向的竹柄，二是由竹片制成的"翅膀"。"翅膀"中间有一个小圆孔，用于安装竹柄。小圆孔两边的叶片是朝相反方向倾斜的、对称的两个斜面，可以起到使竹蜻蜓随空气旋涡上升的作用。用双手手掌夹住竹柄，快速一搓，接

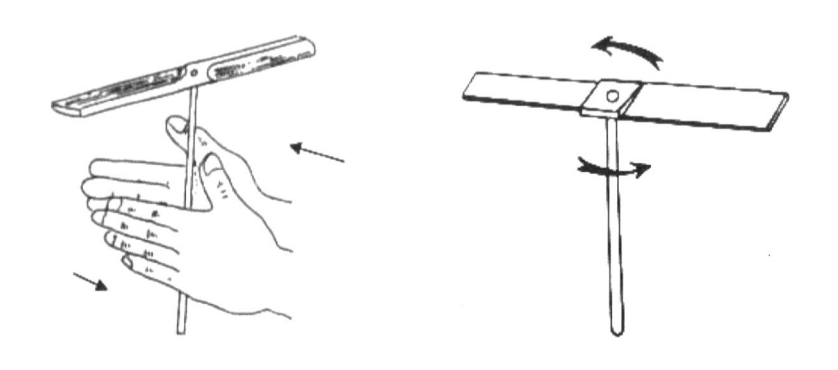

着双手一松,竹蜻蜓就飞向了天空。

竹蜻蜓为什么能飞?

竹蜻蜓的叶片和水平旋转面之间有一个倾角(这个倾斜角度是可以调整的),搓动竹柄时,这个倾角使得旋转的叶片将空气向下推,而空气则反过来给竹蜻蜓一股向上的反作用升力。这股升力随着叶片的倾角而改变,倾角越大升力就越大。当升力大于竹蜻蜓自身的重力时,竹蜻蜓便可向上飞起。

轻巧神奇的竹蜻蜓不仅给中国孩子带来了欢乐,而且影响了世界。18世纪,竹蜻蜓传到欧洲。被誉为"航空之父"的英国人乔治·凯利一辈子都对竹蜻蜓非常着迷,他的第一项航空研究就是在1796年仿制和改造了竹蜻蜓,并由此悟出螺旋桨的一些工作原理。这项研究推动了飞机研制的进程,并为西方的设计师带来了研制直升机的灵感。20世纪30年代,德国人根据竹蜻蜓的形状和原理发明了直升机的螺旋桨。

趣味闯关夺宝珠

小关卡一：花毽子踢起来

和爸爸妈妈进行一场踢毽子比赛，看谁踢得多。

小关卡二：竹蜻蜓做起来

和爸爸妈妈一起制作一支竹蜻蜓。

材料：竹片、小竹棒（长约 20 cm）。

工具：小锯子、美工刀、直尺、手摇钻、快干胶水、笔。

竹蜻蜓制作步骤图解

1. 取竹片一块，用锯子等工具将它加工成长 15 cm、宽 2 cm、厚 0.6 cm 的长方体。	
2. 用直尺测量竹片的中心位置点，用笔在中心位置点上作记号，然后在距离中心点约 1 cm 处两边各划一条线（上下两面都要画）。	

(续表)

3. 将两条线构成的中心点区域左右两边的竹片各削成一个斜面，左边斜面外低内高，右边斜面外高内低。	
4. 在竹片的中心位置打一个小圆孔。	小圆孔
5. 将小竹棒上端削成合适大小，涂上快干胶水后插入竹片中心的小圆孔中。	

小关卡三：传统玩具知多少

你还知道哪些中国传统玩具？查查资料，与小伙伴分享。

晓晓，中华园逛完了，收获真不少呀！

没错，我要让更多的小伙伴一起来！